BEI GRIN MACHT SICH IHR
WISSEN BEZAHLT

- Wir veröffentlichen Ihre Hausarbeit,
  Bachelor- und Masterarbeit

- Ihr eigenes eBook und Buch -
  weltweit in allen wichtigen Shops

- Verdienen Sie an jedem Verkauf

Jetzt bei www.GRIN.com hochladen
und kostenlos publizieren

Bibliografische Information der Deutschen Nationalbibliothek:

Die Deutsche Bibliothek verzeichnet diese Publikation in der Deutschen National-
bibliografie; detaillierte bibliografische Daten sind im Internet über http://dnb.d-
nb.de/ abrufbar.

Dieses Werk sowie alle darin enthaltenen einzelnen Beiträge und Abbildungen
sind urheberrechtlich geschützt. Jede Verwertung, die nicht ausdrücklich vom
Urheberrechtsschutz zugelassen ist, bedarf der vorherigen Zustimmung des Verla-
ges. Das gilt insbesondere für Vervielfältigungen, Bearbeitungen, Übersetzungen,
Mikroverfilmungen, Auswertungen durch Datenbanken und für die Einspeicherung
und Verarbeitung in elektronische Systeme. Alle Rechte, auch die des auszugsweisen
Nachdrucks, der fotomechanischen Wiedergabe (einschließlich Mikrokopie) sowie
der Auswertung durch Datenbanken oder ähnliche Einrichtungen, vorbehalten.

Impressum:

Copyright © 2005 GRIN Verlag, Open Publishing GmbH
Druck und Bindung: Books on Demand GmbH, Norderstedt Germany
ISBN: 9783640628568

Dieses Buch bei GRIN:

http://www.grin.com/de/e-book/134012/die-freudlose-gasse-expressionismus-im-
deutschen-film

Stefan Großmann

"Die freudlose Gasse" - Expressionismus im deutschen Film

GRIN Verlag

GRIN - Your knowledge has value

Der GRIN Verlag publiziert seit 1998 wissenschaftliche Arbeiten von Studenten, Hochschullehrern und anderen Akademikern als eBook und gedrucktes Buch. Die Verlagswebsite www.grin.com ist die ideale Plattform zur Veröffentlichung von Hausarbeiten, Abschlussarbeiten, wissenschaftlichen Aufsätzen, Dissertationen und Fachbüchern.

Besuchen Sie uns im Internet:

http://www.grin.com/

http://www.facebook.com/grincom

http://www.twitter.com/grin_com

Studiengang   Literary, Cultural and Media Studies, 3. Semester

Universität Siegen

Seminar: „Expressionismus im Film", Wintersemester 2004/05

Die Freudlose Gasse

Schriftliche Ausarbeitung zum Referat am 3. Februar 2005

Stefan Großmann

Siegen / Lüneburg, September 2005

Inhaltsverzeichnis

1 Einleitung

Der deutsche expressionistische Film der 1920er Jahren ist weltweit hoch angesehen. Für die weitere Entwicklung des Films hat besonders diese Phase, kurz vor Erfindung des Tonfilms und des Farbfilms, einen großen Einfluss gehabt. Meilensteine wie *Das Cabinet des Dr. Caligari* oder *Metropolis* werden bis heute häufig zitiert. Zahlreiche oft verwendete stilistische Elemente haben ihren Ursprung in dieser Zeit. Die expressionistischen Filmemacher waren experimentierfreudig und schufen auch technisch neue Möglichkeiten des Ausdrucks.

> „Bewusst wendet man sich im expressionistischen Film von einer objektiven Weltdarstellung zugunsten des subjektiven Ausdrucks ab. Die tägliche Erfahrung, dass man der Realität ebenso wenig entrinnen kann wie sich selbst, schlägt sich in alptraumhaften Darstellungen nieder, in seinen jeder Stabilität beraubten Kulissen spiegeln sich die gebrochenen Seelen der Helden."[1]

Während der Expressionismus in Gattungen Bildende Kunst, Literatur und Musik 1920 seine Hochzeiten bereits hinter sich hatte (gemeinhin wird für Stilrichtung Expressionismus die Zeitspanne 1905-1925 angegeben, die Kernzeit liegt dabei zwischen 1910 und 1920[2]), lässt sich der filmische Expressionismus auf die Jahre 1920 bis 1930 festlegen. Dabei sind nur die wenigsten Filme (insbesondere „Das Cabinet des Dr. Caligari") rein expressionistisch, jedoch werden viele Stil- und Ausdrucksmittel und technische Verfahren in anderen Filmen übernommen.

Was Expressionismus genau bedeutet, ist nicht klar definiert. 1926, also inmitten des Jahrzehnts, in dem dem Film expressionistische Merkmale zugesprochen werden, und ein Jahr nach Uraufführung der freudlosen Gasse, konstatiert Rudolf Kurtz in seinem Buch Expressionismus und Film:

> „Eine klare Definition ist in der gewiß nicht kleinen Literatur über den Expressionismus nicht aufzufinden. [...] Vielleicht steckt die Schwierigkeit darin, daß der Expressionismus eine Fülle verschiedenartiger Erscheinungen deckt, die nur durch ihre Konfrontierung mit einer ihnen gemeinsamen gegnerischen Einstellung, dem Impressionismus, den Schein einer gewissen Gleichförmigkeit erhält." (Kurtz 1926, S. 9)

Im Film ist eine Definition noch schwieriger. Offenbar zeigen sich die expressionistischen Einflüsse in den verschiedensten Elementen des Films: In der Architektur und im Bühnenbild, in den Kostümen, in den Texttafeln, in den verwendeten Effekten und schließlich auch in den dargestellten Figuren.

---

1 Leisen, Johannes (Hrsg): Expressionistischer Film.
http://www.35millimeter.de/filmgeschichte/deutscher-film/1920/expressionistischer-film.1.htm (letzter Aufruf: 26.09.2005)

2 vgl. http://de.wikipedia.org/wiki/Expressionismus (letzter Aufruf: 01.02.2005)

Der Film „Die freudlose Gasse" (1925, Regie: Georg Wilhelm Pabst) stellt einen Sonderfall dar. Dieser Film wird zumeist als ein Film im Umbruch zur Epoche der „Neuen Sachlichkeit" betrachtet. Die Neue Sachlichkeit ist

> „In der Literatur der Weimarer Republik [...] eine Richtung, die sich nüchtern und realistisch abgrenzt vom Pathos des Expressionismus. An die Stelle emphatischer Wendungen und radikal-romantischer Bilder trat eine ernüchterte, oft kühl-distanzierte, beobachtende Haltung, die dokumentarisch-exakt und scheinbar gefühllos die moderne Gesellschaft darstellte..." (Wikipedia: Neue Sachlichkeit)

Während sich in der Literatur Expressionismus und Neue Sachlichkeit also stark voneinander abgrenzen, scheint es beim Film eine Vereinigung beider Epochen zu geben: Unter Verwendung der Mittel des Expressionismus lässt sich offenbar eine Wirkung der Neuen Sachlichkeit erzielen.

In der vorliegenden Referatsausarbeitung soll zunächst eine kurze Inhaltsangabe erfolgen. Da „Die freudlosen Gasse" zugleich „einer der spektakulärsten Zensurfälle der zwanziger Jahre"[3] war, muss die Frage gestellt werden, inwiefern sich die Zensur und die entstehende Unsicherheit über die Originalität der Fassung auf die Filmanalyse auswirken.

Da das Referat im Rahmen des Seminars „Expressionismus im Film" stattfand, steht die Benennung und Analyse der expressionistischen Elemente im Mittelpunkt dieser Arbeit. Auf die detaillierte Analyse der Handlung soll an dieser Stelle jedoch nicht eingegangen werden.

Die inhaltlichen Wiedergaben und Analysen basieren auf der 1998 auf arte ausgestrahlten, im Filmmuseum München 1996/97 restaurierten Fassung des Filmes.

---

3 Horak 1998, S. 49

2 Inhaltswiedergabe

Die Handlung des Films „Die Freudlose Gasse" verläuft in mehreren parallelen Ebenen, die miteinander verwoben sind und am Ende miteinander verschmelzen. In der von Armut geprägten Melchiorgasse gibt es neben verarmten Bürgern und Lumpenproletariat nur zwei wohlhabende Menschen: Den Fleischer Josef Geiringer und Frau Greifer, die einen Modesalon mit angeschlossenem Nachtklub betreibt. In diesen Nachtklub zieht es die wohlhabenden Bürger Wiens. An den Nachtklub angegliedert ist das Stundenhotel „Merkl", in dem u.a. Frauen ihren bei Frau Greifer aufgenommenen Kredit mit sexuellen Dienstleistungen abbezahlen.

Während sich die einen durch einen Aktienbetrug bereichern, fallen andere dadurch in die Armut. Derweil geschieht ein Mord, von dem schrittweise deutlicher wird, dass er von einer jungen Frau aus Eifersucht verübt wurde.

Am Ende des Films wenden sich die armen Einwohner der Straße gegen die Reichen, nachdem sie Geräusche aus dem Nachtklub hören, und beginnen, mit Steinen zu werfen. Dabei entzündet sich das Gebäude, und ein bettelarmes Paar stirbt in den Flammen. Hoffnung, aus der Melchiorgasse jemals herauszukommen, besteht am Ende nur für Grete Rumfort, die von einem amerikanischen Rot-Kreuz-Offizier Aussicht auf ein besseres Leben erhält.[4]

---

4 Eine ausführliche Inhaltswiedergabe findet sich beispielsweise bei Koll 1998, S. 72ff.

3 Probleme bei der Analyse von Filmen

Bei der Betrachtung und Analyse eines Films geht man in der Regel davon aus, dass der gese-
hene Film tatsächlich der originale, der echte Film ist. Das Beispiel des Films „Die Freudlose
Gasse" zeigt, wie falsch dieser Schluss ist. Wie auch bei Literaturanalysen ist bei Filmanaly-
sen davon auszugehen, dass das zu betrachtende Objekt in seiner Geschichte Veränderungen
unterworfen war und dass es mitunter verschiedene Fassungen eines Werkes gibt. In der Literatur ist es oft der Verfasser selbst, der verschiedene Fassungen schreibt, überarbeitet und
herausgibt, beim Übertrag zum Film gibt es aber Unterschiede zu beachten: Nur selten (so
z.b. im Autorenkino) gibt es einen „Verfasser" des Films, in den meisten Fällen ist das entstehende Produkt ein gemeinsames Werk von (Drehbuch-)Autor, Regisseur und Produzent.
Darüber hinaus scheinen Veränderungen bei Filmen zumeist von anderen Instanzen hervor-
gerufen zu werden: Staatliche Zensurbehörden führen dazu, dass Filme gleich nach ihrer
Fertigstellung verkürzt werden und sich von Land zu Land unterscheiden können. Filmver-
leihe schaffen spezielle Versionen für verschiedene Länder, unterschiedliche Fassungen für
Kino und Heimverleih, und Fernsehsender schneiden Szenen heraus, damit Filme beispielsweise in das Senderschema passen.

3.1 Fassungen des Films Die freudlosen Gasse

Der Film „Die Freudlose Gasse" wurde zensiert und gekürzt wie kaum ein Film zuvor. Die
Fassung, die bei der Uraufführung am 18. Mai 1925 in Berlin gezeigt wurde, hatte noch eine
Länge von 3738 m. In der Nacht vor der Uraufführung hatte Pabst mit seinem Cutter Mark
Sorkin noch „einige wichtige Szenen" entfernt[5], die der Kinobesitzer bemängelt hatte.

Durch die erste Zensur am 25.5.1925 fielen mit ca. 3 ½ bis 4 Metern nur relativ wenige Bilder
weg (ca. 7,5 Sekunden, ausgehend von 25 Bildern/Sekunden)[6]. Auf Antrag hin wurde im dar-
auffolgenden Jahr eine weitere Prüfung durchgeführt, nach der nur noch 3477 Meter übrig
blieben. Horak bemerkt: „Keine der später noch existierenden Kopien hatte jedoch annähernd diese Länge."[7] Aus seinem Text geht hervor, dass es zahlreiche sehr unterschiedliche
Fassungen des Films gegeben habe, die sich nicht nur in ihrer Länge, sondern auch in ihrer
Szenenabfolge unterschieden. In vielen Kopien sei auch Material aus völlig anderen Filmen
enthalten gewesen.

---

5   Horak 1998, S. 53

6   Diese und die weiteren Angaben zu Zensuren, Kürzungen und unterschiedlichen Fassungen
    stammen von Horak 1998, S. 53ff.

7   Horak 1998, S. 53

In Deutschland wurden mehrere Versuche unternommen, den Film zu rekonstruieren, mit dem Ziel, möglichst nah an die Urfassung, also die der Erstaufführung, heranzukommen. Der erste Versuch geht auf Enno Patalas zurück, der im Jahr 1989 im Münchener Filmmuseum aus drei erhaltenen Kopien des Films eine Fassung zusammengeschnitten hat, die sich eng am Drehbuch Mark Sorkins orientierte.

Von 1995 bis 1997 erfolgte dann unter Federführung Jan-Christopher Horaks die zweite Rekonstruktion im Münchener Filmmuseum, bei der alle bekannten Negativfilme verwendet wurden sowie sämtliches verfügbares Material, aus denen sich Hinweise über die richtige Reihenfolge der Szenen und der Zwischentitel ergaben. Die entstandene Rekonstruktion des Films hat eine Länge von ca. 3000 Metern.

Abbildung 1: Titel der Rochester-Version des Films

Dem Verfasser liegt neben der hier untersuchten rekonstruierten Version noch eine weitere Version vor, die beim amerikanischen Internet-Kaufhaus amazon.com auf DVD erhältlich ist. In dieser fehlen zahlreiche Szenen, darunter die gesamte Handlung, die sich mit dem Mord an Lia Leid beschäftigt. Offenbar handelt es sich um eine Version, die im George Eastman House, Rochester, N.Y. aufbewahrt wurde. Diese Fassung des Films erhielt aufgrund der relativ guten Bildqualität auch Einzug in die zweite Münchener Rekonstruktion. Horak:

> „Diese nur 59minütige Fassung war anscheinend eine amerikanische Kurzfassung mit englischen Zwischentiteln, die ganz auf Greta Garbo zugeschnitten war, um aus ihrem Namen in Amerika Kapital zu schlagen."[8]

So wird auf die Person Greta Garbos in den Zwischentiteln mehrmals hingewiesen, und der Filmvorspann preist sie als „the incomparable Greta Garbo" an (Abb. 1).

3.2 Konsequenzen für den Umgang mit dem Medium Film

Von jedem Film gibt es zahlreiche verschiedene Fassungen. Neben den Kinofassungen für unterschiedliche Länder finden sich gekürzte TV-Versionen, Versionen für Kauf- und Verleih-Videos und -DVDs, Director Cuts und mitunter weitere Versionen. Das führt für den

---

8 Horak 1998, S. 56

Umgang mit Filmen in einem forschenden Umfeld zu einem Problem: „Der Materialvorbehalt steht also am Anfang jeder analytischen Fragestellung."[9]

In den wenigsten Fällen wird es möglich, sein, die „Original-Fassung" zu ermitteln. Zum einen gibt es von jedem Film von vornherein viele Kopien, nicht nur eine: Welche also soll das Original sein? Wo beginnt die Suche nach dem Original: Bei der Idee des Regisseurs von seinem Film? Zum anderen wird es häufig so sein, dass die Fassung, die bei der Erstaufführung gezeigt wurde, nicht mehr verfügbar ist. Viele Filme wurden nach der Uraufführung noch editiert, bevor sie in die Kinos kamen. Am Beispiel des Films *Die freudlose Gasse* zeigt sich, dass bei sehr alten Filmen eine Vielzahl von Fassungen nicht die Ausnahme, sondern eher die Regel ist.

Für die Arbeit mit dem Medium bedeutet das als Konsequenz, dass zunächst eine Festlegung auf eine Fassung erfolgen muss. Vor allem aber muss ein Bewusstsein für die nicht garantierte Authentizität und das Vorhandensein verschiedener Versionen vorhanden sein. Auch über die historische Bedingtheit der betrachteten Fassung sollte sich der Betrachter im Klaren sein. Ursula von Keitz stellt somit fest,

> „daß eine Filmgeschichtsschreibung, die die elementaren Fragen der Überlieferung und der Quellenerschließung ausblendet oder vernachlässigt, blind bleibt für die materiale Basis, auf Grund derer sie ihre analytischen und interpretatorischen Hypothesen formuliert."[10]

Für G.W. Pabsts Film *Die freudlose Gasse* zeigen sich die Konsequenzen einer nicht ausreichenden Betrachtung der Frage nach dem Material in Rezensionen, die dem Film nicht gerecht werden, da sie die betrachtete Fassung als die einzige oder richtige Fassung annehmen. Jan-Christopher Horak weiß in diesem Kontext zu berichten,

> „daß sowohl Siegfried Kracauer, als auch Lotte H. Eisner den Film als mißglückt bezeichnen, da er angeblich zu melodramatisch, zu schablonenhaft und symbolhaft betont ist. Die Beschreibung des Films bei beiden Filmhistorikern gibt aber deutlich zu erkennen, daß sie nur noch verstümmelte Fassungen gesehen haben, bzw. sich auf Rezensionen von verstümmelten Fassungen berufen."[11]

---

9 Keitz 1998, S. 7
10 Keitz 1998, S. 7
11 Horak 1998, S. 52

4 Expressionistische Merkmale im Film

Im Folgenden sollen die wesentlichen expressionistischen Merkmale, die sich im Film *Die freudlose Gasse* finden, aufgezeigt werden.

4.1 Beleuchtung

Für *die freudlose Gasse* hat G.W. Pabst eine deutlich expressionistische Beleuchtung gewählt. Ein Halbdunkel aus Licht und Schatten dominiert den Film. Da die meisten Szenen am Abend oder in der Nacht spielen, ist es möglich, die Beleuchtung auf wenige Lichtquellen zu beschränken.

Pabst wählt für die Straßenszenen hauptsächlich Punktstrahler wie z.b. Straßenlaternen, die das allgegegenwärtige Dunkel des Films nur über kurze Strecken durchbrechen. Der Großteil der Straße bleibt schwarz, nur einzelne Flecken am Boden sind richtig hell, an einigen Stellen schneiden sich Lichter und führen zu einem grauen Halbdunkel. Die Figuren kreuzen diese Lichtflecke im Vorübergehen und verschwinden dann wieder in der dunklen Gasse. Besonders deutlich wird dies in der Eingangssequenz (siehe auch Abb. 2).

Abbildung 2: Straßenszene (Eingangssequenz)

Die blaue Viragierung verstärkt den Effekt des schwachen Lichtes noch und lässt die Straßenszenen kühl erscheinen.

Die Figuren tragen sehr dunkle Kleidung, so dass sie in den Schatten der Straße und der schwach erleuchteten Innenräume beinahe untergehen. Zum Licht bilden sie im Moment des Vorübergehens einen starken Kontrast. Einen ähnlichen Kontrast erlebt der Betrachter, wenn die Gesichter der Schauspieler gezeigt werden. Diese sind weiß geschminkt und diese Helligkeit wirkt durchbrechend gegenüber ihren Kleidungsstücken und den sie umgebenden Raum.

Die Innenräume unterscheiden sich hinsichtlich ihrer Beleuchtung stark. Die Helligkeit kann hier als ein Symbol gesehen werden für die Leichtigkeit des Lebens und den Reichtum. Bei den Festen im Nachtklub und im Hotel brennen zahlreiche Kronleuchter, der Raum ist stets hell erleuchtet (vgl. Abb. 3).

Abbildung 3: Festgesellschaft

Mit abnehmender sozialer Schicht sinkt auch der Grad der Beleuchtung.

Familie Rumfort wohnt im ersten Stock eines Hauses. In der Einführungssequenz serviert Marie ihrem Vater und ihrer Schwester Kohlsuppe. Sie trägt dabei einen Mantel und einen Hut, was darauf hinweist, dass die Wohnung nicht geheizt ist. Leidiglich der Hintergrund des Raumes ist beleuchtet, von dort fällt nur wenig Licht auf den Esstisch, an dem die Familie essen wird.

Abbildung 4: Wohnung der Familie Rumfort

Beispielhaft auch für andere Szenen des Filmes zeigt sich hier, dass die Beleuchtung keineswegs real ist: Obwohl die einzige Lichtquelle im Hintergrund liegt, fällt Licht auf die anwesenden Personen. Normalerweise dürfte dorthin kein Licht gelangen, sie sind jedoch so gut ausgeleuchtet, dass man sie beim Betrachten des Filmes problemlos identifizieren kann.

Die Souterrain-Wohnung der Familie Lechner (vgl. Abb. 8, S. 10) wird nur durch die von außen hereinscheinende Straßenbeleuchtung illuminiert. Das Licht wird durch die Fenster und die darin eingelassenen Streben gebrochen und noch gemindert. Die wenigen Gegenstände in der Wohnung sind nur diffus zu erkennen, die Luft darin wirkt staubig und grau. Nur die drei Protagonisten sind deutlich beleuchtet.

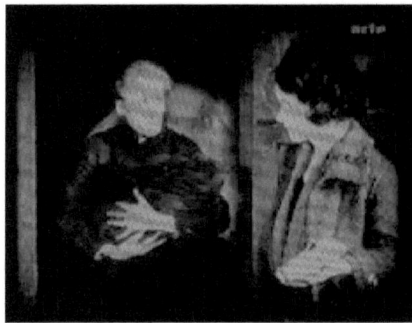

Abbildung 5: Else und ihr Mann (das Lumpenproletariat)

Die ärmsten Personen im Film sind Else und ihr Mann (Abb. 5), die dem Lumpenproletariat angehören. Sie leben zunächst in einem Stall und erleben später einen Aufstieg in ein Dachgeschoss, wo sie jedoch bei einem Brand ums Leben kommen. Als der Mann die Stalltür öffnet, ist im Hintergrund ausschließlich schwarz zu sehen. Nur sehr wenig Licht fällt von außen herein, das die beiden Figuren schwach beleuchtet.

4.2 Architektur

Abbildung 6: Architektur (Straße)

Die Filmarchitektur geht in der *freudlosen Gasse* mit der Beleuchtung einher: Die Gebäude in der Melchiorgasse sind zwar nicht annähernd so krumm, schief und phantastisch wie etwa im *Cabinet des Dr. Caligari*. Dennoch neigen sie sich, unterstützt durch das fleckenweise einfallende Licht, merklich zur Straße und verengen sie so. Andere Gebäude (s. Abb. 6) scheinen dem Druck des sich an sie lehnenden Volkes nachzugeben und sich von der Straße wegzuneigen.

Abbildung 7: Innenarchitektur

Ähnliches gilt für die Innenarchitektur (vgl. Abb. 7). Während die Wohnung der Familie Rumfort noch völlig normal wirkt – die Wände sind gerade, die Wohnung wirkt insgesamt aufgeräumt und geordnet –, erscheint der Korridor im Haus der Frau Greifer seltsam gebogen und gewunden. Hermann Kappelhoff bezeichnet dieses Treppenhaus als einen „labyrinthischen Höhlenbau, der sich in unbestimmter Ausdehnung nach allen Richtungen fortzusetzen scheint"[12]. Das Innere des Gebäude geht über das von außen erkennbare weit hinaus. Kappelhoff weiter:

„Das ärmliche Haus der Schneiderin aus der Melchiorgasse, wie es in der Erzählung als szenischer Handlungsort etabliert ist, weitet sich – mehr jenseits aller räumlichen Logik, als daß man sich Räume hinter den Türen und oberhalb des Treppenaufgangs vorstellt – in die Salons und Kammern eines zwielichten Hotels, in den Schauplatz mondänen Nachtlebens, dem der Hautgout des Verwerflichen anhaftet. [...] im Bild aber trägt es alle Zeichen des phan-

---

12 Kappelhoff 1995, S. 35

tastischen: ein Hexenbau, in dessen Labyrinth Maria (Asta Nielsen) und Grete (Greta Garbo) geraten."[13]

Auch an der Wohnung der Familie Lechner lassen sich einige Eigenheiten der Architektur im expressionistischen Film beobachten: Die Wohnung besteht aus mehreren Versatzstücken, die aneinandergrenzen. Die einzelnen Teile sind jedoch offen und nicht voneinander abgetrennt. Die rechte Wand des hinteren Teils ist krumm: Betrachtet man die Bodenkante der Mauer, so fällt auf, dass sie nicht gerade ist, sondern eine Kurve beschreibt. Dadurch verengt sich der Raum nach hinten noch mehr, als er es durch die

Abbildung 8: Innenraum Familie Lechner

perspektivische Verzerrung und die Beleuchtung ohnehin schon tut. Die Kamera steht vor dem Raum wie ein Betrachter vor einer Theaterbühne. Ob und in welcher Form es eine Eingangstür gibt, bleibt unklar, ebenso die tatsächliche Größe der Wohnung.

4.3 Mimik und Gestik

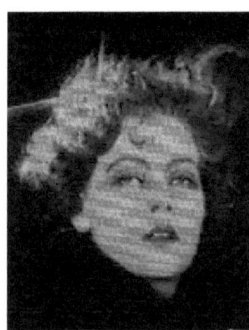

Abbildung 9: Greta Garbo

Ein weiteres wesentliche Merkmal im Film, das als expressionistisch bezeichnet wird, ist die übersteigerte Mimik und Gestik. Auf der einen Seite ist die Gestik und Mimik Greta Garbos ausgesprochen ruhig und minimalistisch – die Nahaufnahmen ihres Gesichtes zeigen meist nur leichte Bewegungen und Ausdrücke. Bei Michael Pabst ist gar zu erfahren, dass die Aufnahmen Greta Garbos in Zeitlupe erfolgten:

„Das Fotografieren der Garbo war mit Schwierigkeiten verbunden. Kaum waren die Jupiterlampen im Atelier aufgeflammt, begann sie unruhig und nervös zu werden und bald auch zu zittern. Wenn die Kamera surrte, war sie derart vom Lampenfieber geschüttelt, daß Pabst verzweifelte. Die ersten Muster machten es deutlich: Kaum eine Einstellung war brauchbar, so sichtbar waren die Spuren ihrer Nervosität. [...] Was würde geschehen, wenn man auch die Garbo in Zeitlupe aufnehmen würde? [...] Die Lösung war überwältigend:

---

13 Kappelhoff 1995, S. 35f.

All die zitternde Nervosität und die hastigen Aktionen ihres Spiels erschienen nunmehr weich und ausgeglichen. Auf diese Weise wurden nun alle Szenen mit der Garbo gefilmt."[14]

Dadurch wirken die Szenen mit Greta Garbo als Kontrast zu den sonst sehr lebhaften Gestiken und Mimiken der restlichen Darsteller:

> „Wenn der Blick auf Greta Garbo fällt, kommt die Handlung fast zum Stillstand. Momente reiner Schaulust widersetzen sich dem Erzählablauf und werden als Tableaus inszeniert. In Großaufnahme und mit Weichzeichner gefilmt, wird Garbo zum Gegenstand des männlichen Kamerablickes."[15]

Dem gegenübergestellt wird das expressionistische, ausdrucksreiche Spiel der übrigen Schauspieler. Die Gesichtsausdrücke deuten ihre Gefühle, Gemütslagen und Gedanken nicht nur an, sondern kehren sie völlig nach außen (siehe beispielhaft Abbildungen 10 bis 12).

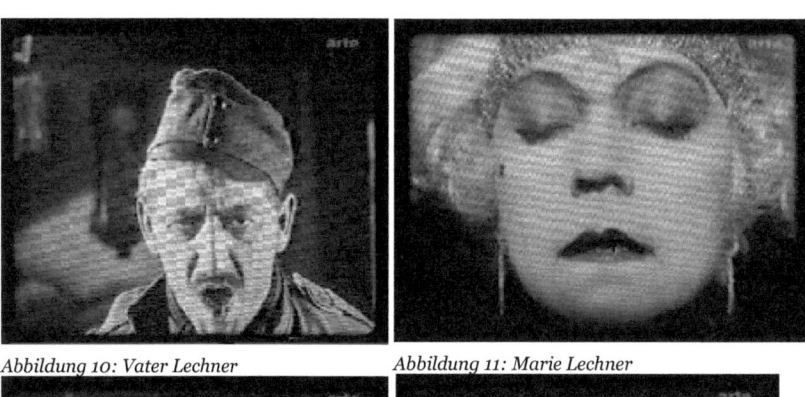

Abbildung 10: Vater Lechner   *Abbildung 11: Marie Lechner*

Abbildung 13: Frau Greifer   *Abbildung 12: Hofrat Rumfort*

---

14 Pabst 1997, S. 147f.
15 Metzler Filmlexikon, S. 57f.

4.4 Einsatz expressionistischer Mittel

Die oben aufgeführten Mittel der expressionistischen Filmkunst werden in der *freudlosen Gasse* zum einen verwendet, um das Innere der Charaktere nach außen zu kehren, um die Situation der Bewohner der Melchiorgasse über das physisch sichtbare hinaus zu demonstrieren. Zum anderen erhalten sie aber auch im Sinne der Neuen Sachlichkeit eine andere Funktion. Anstatt auf eine tiefere Bedeutung hinzuweisen, die über das Gezeigte hinausgeht, betonen die Mittel das im Bild vorhandene: Die Präsenz der Figuren wird durch ihre Gestik und Mimik unterstrichen, die Beleuchtung in Innenräumen betont das Wesen des Raumes.

5 Technische Besonderheiten des Films

Der deutsche Film der 1920er Jahre war Vorreiter in der technischen Umsetzung des Films. Wie Paul Rotha bemerkt: „Es war allgemein üblich, auf den deutschen Film zu blicken, um den wahren Gebrauch des filmischen Mediums zu sehen."[16]

Auch in *Die freudlose Gasse* finden sich Szenen, in denen das Medium Film auch experimentell verwendet wird. Für die Aufnahmen Greta Garbos kamen Zeitlupenaufnahmen zum Einsatz (s.o.), an zwei Stellen werden Überblendeffekte eingesetzt und im Schnitt wird häufig die Kontrastmontage eingesetzt.

5.1 Überblendeffekte

Es gibt in Georg Wilhelm Pabsts Film zwei Überblendeffekte.

Grete Rumfort erlebt eine Halluzination, als sie in kurzer Abfolge erst den Arzt und dann den Glaser bezahlen muss. Sie sieht einen Arm, der sich ihr aus dem Nichts entgegenstreckt (Abb. 14). Technisch ist dieser Effekt aufwändig umgesetzt: Die Aufnahmen des Raumes und des Armes werden einzeln aufgenommen und dann übereinanderkopiert.

Abbildung 14: Halluzination

Ähnlich ist der Beginn der Erinnerung Marie Lechners an ihre Tat gekennzeichnet: Das Bild ihres Gesichtes verwandelt sich in das Gesicht, wie es zu dem Zeitpunkt aussah, als sie die Tat begangen hat. Dieses Morphing-Verfahren wird heute noch oft eingesetzt, um Traum- oder Erinnerungssequenzen einzuleiten. Der technische Ablauf ist hierzu etwas komplizierter. Anstatt zwei Filmsequenzen gleichzeitig abzuspielen und aufzuzeichnen und sie dadurch zusammenzukopieren, müssen die beiden zusammenzufügenden Bilder mit sich ändernder Intensität abgespielt werden. Das erste Bild, von dem weggeblendet werden soll, muss schwächer werden, während das zweite stärker werden muss. Was heute der Computer erledigt, war im Jahr 1925 deutlich aufwändiger, da die Zusammenstellung der beiden Szenen über zwei einzelne Projektoren erfolgen musste, die einzeln abgedimmt bzw. erhellt werden konnten, während eine Kamera das entstehende Bild aufzeichnete.

---

16 Rotha, Paul: The Film till now. London, 1960. S. 252. Zitiert nach:
http://www.35millimeter.de/filmgeschichte/deutscher-film/1920/expressionistischer-film.1.htm

5.2 Schnitt

In *Die freudlose Gasse* wird häufig eine Kontrastmontage verwendet. Pabst lässt auf Aufnahmen der feiernden Reichen direkt und unvermittelt Bilder der Armut und des Elends folgen. Dem Metzler Filmlexikon zufolge

> „beruht auch *Die Freudlose Gasse* auf dem Gegensatz zwischen dekadentem Reichtum und dumpfer Armut, zwischen champagnertrinkenden Nachtklubgästen und hungernden Frauen, die vor dem Metzgerladen Schlange stehen. Durch Schnitte sind die beiden Welten polemisch aufeinanderbezogen: Dem Spekulanten soll das Nachtleben von Wien gezeigt werden, heißt es in einem Zwischentitel – und der Film zeigt verarmte, gramgebeugte Frauen."[17]

G.W. Pabst gilt überdies auch als Erfinder des „unsichtbaren Schnittes", den er zwar erst in späteren Werken perfektioniert, aber bereits in der *Freudlosen Gasse* ansatzweise anwendet. Gerade für die Kontrastmontage verwendet er den unsichtbaren Schnitt. Dabei versucht er, Szenen so aneinanderzureihen, dass nicht zwei gegensätzliche Bewegungen aufeinanderstoßen, sondern dem Betrachter suggeriert wird, dass die Bewegungsrichtung der ersten Szene sich in der zweiten fortsetzt. Da sich das Auge nicht hinsichtlich der Bewegung umstellen muss, kann der inhaltliche Kontrast noch stärker wirken.

Eventuell ist der heutige Betrachter aufgrund der fortgeschrittenen technischen Möglichkeiten für den „unsichtbaren Schnitt" im dem Umfang, wie er bei der *Freudlosen Gasse* zum Einsatz kommt, nicht mehr so empfänglich. Heutzutage werden die Bewegungen tatsächlich aufeinander abgestimmt, um z.B. die Bewegung einer Person nahtlos in der einer anderen Person fortzusetzen. Dieses Vorgehen ist jedoch eine direkte Folge der Entwicklungen, wie sie Pabsts unsichtbarer Schnitt eine war. Für einen Betrachter der 1920er Jahre dürfte der Effekt aufgrund der noch anderen Sehgewohnheiten deutlich größer gewesen sein.

> „Es ist Pabsts Absicht, den Schock von aufeinander prallenden Montagen zu vermeiden – man weiß, daß die Russen ihrerseits die Wirkung dieses Schocks geradezu suchen. Aber im Gegensatz dazu will Pabst den vollkommenen Fluß einer Handlung erreichen."[18]

5.3 Einsatz von Spiegeln

Wie viele andere Regisseure der Weimarer Republik verwendet auch G.W. Pabst häufig Spiegel, um die Handlung nicht direkt, sondern durch sie reflektiert aufzunehmen. Dies geschieht in der *Freudlosen Gasse* zum einen in einer ganz gewöhnlichen Weise, wenn z.B. der Metzger Joseph Geiringer sich im Spiegel betrachtet und der Zuschauer ihn so gleichzeitig

---

17 Metzler Film Lexikon, S. 57
18 Eisner 1955, S. 257

Abbildung 15: Grete Rumfort vor Spiegel

von hinten und – im Spiegel – von vorne zu Gesicht bekommt. Zum anderen wird der Spiegel aber auch verwendet, um Situationen zu unterstreichen und zuzuspitzen. Als sich der Kellner, der ihr zuvor seine Liebe erklärt hatte, ihr von hinten nähert (Abb.), wird er im dreiteiligen Spiegel aufgrund der schrägen Kanten der einzelnen Spiegelflächen nicht nur dreifach, sondern neunfach gespiegelt und umzingelt Grete Rumfort so. Die Bedrohung, die sie empfindet, wird expressionistisch ausgestaltet: Das innere Empfinden Gretes wird durch die Spiegelungen überdeutlich dargestellt und aus dem Inneren ins Äußere gekehrt.

6 Fazit

Der Film *Die freudlose Gasse* ist nicht nur aufgrund seines sozialkritischen Inhaltes, sondern auch aufgrund seiner Überlieferungsgeschichte besonders interessant. Der Film wurde in den Jahren nach seiner Entstehung zahlreichen Zensurmaßnahmen unterzogen, gekürzt und umgeschnitten, so dass es schon in der Mitte des 20. Jahrhunderts keine authentische Fassung mehr gab. Für den Umgang mit Filmen bedeutet dies, dass ein besonderes Bewusstsein für die Problematiken der Filmerhaltung und des Vorhandenseins verschiedener Fassungen nötig ist. Rekonstruktionen sind zugleich immer auch Konstruktionen, da die Korrekturen nicht mit absoluter Gewissheit vollzogen werden können. Skripte und Zensurberichte dienen als Grundlagen, jedoch kann nicht sichergestellt werden, ob beim Filmdreh nicht davon abgewichen wurde.

In der *freudlosen Gasse* finden sich zahlreiche expressionistische Elemente. Beleuchtung und Architektur geben dem Film gemeinsam eine düstere, kühle und bedrückende Atmosphäre, während die Schauspieler durch ihre expressive Gestik und Mimik ihre zumeist schlechte Situation unterstreichen. Der Film wird als Beginn des Umbruchs zur Neuen Sachlichkeit gewertet. Die Darstellungen sollen besonders realistisch sein und sind daher meist nicht expressionistisch mehrdeutig, sondern durch die expressionistische Ausdrucksweise in besonderer Weise hervorgehoben.

Die Arbeit an der *freudlosen Gasse* muss stellenweise sehr aufwändig gewesen sein, wie der Einsatz spezieller filmischer Effekte zeigt. Zeitlupen, Überblendungen, Weichzeichner, wechselnde Perspektiven.

Es bleibt die Feststellung, dass immer noch mehr als ein Fünftel des Films verschollen ist. Die verbliebenen 3000 Meter zeigen jedoch, warum *Die freudlose Gasse* als einer der wichtigsten deutschsprachigen Filme der 1920 Jahre gilt.

7 Literaturverzeichnis

- Barth, Hermann: Insinuatio. Strategien der Emotionslenkung in den Anfangssequen-zen von G.W. Pabsts Die freudlose Gasse (1925). In: Ledig, Elfriede (Hrsg.): Der Stummfilm. Konstruktion und Rekonstruktion. München, 1988. S. 9-32

- Eisner, Lotte H.: Dämonische Leinwand. Wiesbaden-Biebrich, 1955.

- Horak, Jan-Christopher: Der Fall Die Freudlose Gasse. Eine Rekonstruktion im Münchner Filmmuseum. In: Keitz: Ursula von (Hrsg.): Früher Film und späte Folgen. Marburg, 1998. S. 48-65

- Kappelhoff, Hermann: Der möblierte Mensch. Georg Wilhelm Pabst und die Utopie der Sachlichkeit. Berlin, 1995.

- Keitz, Ursula von: Vorwort. In: Keitz, Ursula von (Hrsg.): Früher Film und späte Folgen. Marburg, 1998. S. 7-10

- Kieninger, Ernst (Red.): Geheimnisvolle Tiefe, G. W. Pabst. Wien, 1998.

- Koll, Gerald: Pandoras Schätze. Erotikkonzeptionen in den Stummfilmen von G.W. Pabst. München, 1998.

- Kurtz, Rudolf: Expressionismus und Film. Unveränd. fotomechan. Nachdr. d. Orig.-Ausg. Berlin 1926. Zürich, 1965.

- Leisen, Johannes (Hrsg): Expressionistischer Film. http://www.35millimeter.de/filmgeschichte/deutscher-film/1920/expressionis-tischer-film.1.htm

- Pabst, Michael: Die freudlose Gasse. In: Jacobsen, Wolfgang (Hrsg.): G.W. Pabst. Berlin, 1997. S. 137-150

- Petro, Patrice: Joyless Streets. Women and Melodramatic Representation in Weimar Germany. Princeton, 1989.

- Töteberg, Michael (Hrsg.): Metzler Filmlexikon, Stuttgart 1995.

- Wikipedia: http://de.wikipedia.org/wiki/Expressionismus

- Wikipedia: http://de.wikipedia.org/wiki/Neue_Sachlichkeit

Anmerkung für Artikel aus der Wikipedia: Eine Liste der Autoren ist für jeden Wiki-pedia-Artikel über den Link „Versionen/Autoren" oben auf der Seite zu erreichen.